GRöLS Verlage

„BÜCHER SIND WIE FALLSCHIRME. SIE NÜTZEN UNS NICHTS, WENN WIR SIE NICHT ÖFFNEN.“

Gröls Verlag

Redaktionelle Hinweise und Impressum

Das vorliegende Werk wurde zugunsten der Authentizität sehr zurückhaltend bearbeitet. So wurden etwa ursprüngliche Rechtschreibfehler *nicht* systematisch behoben, denn kleine Unvollkommenheiten machen das Buch – wie im Übrigen den Menschen – erst authentisch. Mitunter wurden jedoch zum Beispiel Absätze behutsam neu getrennt, um den Lesefluss zu erleichtern.

Um die Texte zu rekonstruieren, werden antiquarische Bücher von Lesegeräten gescannt und dann durch eine Software lesbar gemacht. Der so entstandene Text wird von Menschen gegengelesen und korrigiert – hierbei treten auch Fehler auf. Wenn Sie ebenfalls antiquarische Texte einreichen möchten, finden Sie weitere Informationen auf www.groels.de

Viel Freude bei der Lektüre wünscht Ihnen das Team des Gröls-Verlags.

Adressen

Verleger: Sophia Gröls, Im Borngrund 26, 61440 Oberursel

Externer Dienstleister für Distribution & Herstellung: BoD, In de Tarpen 42, 22848 Norderstedt

Unsere „Edition | Werke der Weltliteratur“ hat den Anspruch, eine der größten und vollständigsten Sammlungen klassischer Literatur in deutscher Sprache zu sein. Nach und nach versammeln wir hier nicht nur die „üblichen Verdächtigen“ von Goethe bis Schiller, sondern auch Kleinode der vergangenen Jahrhunderte, die – zu Unrecht – drohen, in Vergessenheit zu geraten. Wir kultivieren und kuratieren damit einen der wertvollsten Bereiche der abendländischen Kultur. Kleine Auswahl:

Francis Bacon • Neues Organon • **Balzac** • Glanz und Elend der Kurtisanen • **Joachim H. Campe** • Robinson der Jüngere • **Dante Alighieri** • Die Göttliche Komödie • **Daniel Defoe** • Robinson Crusoe • **Charles Dickens** • Oliver Twist • **Denis Diderot** • Jacques der Fatalist • **Fjodor Dostojewski** • Schuld und Sühne • **Arthur Conan Doyle** • Der Hund von Baskerville • **Marie von Ebner-Eschenbach** • Das Gemeindekind • **Elisabeth von Österreich** • Das Poetische Tagebuch • **Friedrich Engels** • Die Lage der arbeitenden Klasse • **Ludwig Feuerbach** • Das Wesen des Christentums • **Johann G. Fichte** • Reden an die deutsche Nation • **Fitzgerald** • Zärtlich ist die Nacht • **Flaubert** • Madame Bovary • **Gorch Fock** • Seefahrt ist not! • **Theodor Fontane** • Effi Briest • **Robert Musil** • Über die Dummheit • **Edgar Wallace** • Der Frosch mit der Maske • **Jakob Wassermann** • Der Fall Maurizius • **Oscar Wilde** • Das Bildnis des Dorian Grey • **Émile Zola** • Germinal • **Stefan Zweig** • Schachnovelle • **Hugo von Hofmannsthal** • Der Tor und der Tod • **Anton Tschechow** • Ein Heiratsantrag • **Arthur Schnitzler** • Reigen • **Friedrich Schiller** • Kabale und Liebe • **Nicolo Machiavelli** • Der Fürst • **Gotthold E. Lessing** • Nathan der Weise • **Augustinus** • Die Bekenntnisse des heiligen Augustinus • **Marcus Aurelius** • Selbstbetrachtungen • **Charles Baudelaire** • Die Blumen des Bösen • **Harriett Stowe** • Onkel Toms Hütte • **Walter Benjamin** • Deutsche Menschen • **Hugo Bettauer** • Die Stadt ohne Juden • **Lewis Caroll** • *und viele mehr….*

Sophokles

König Ödipus

Übersetzung

von

Hugo von Hofmannsthal

Personen:

Ödipus, *der König*

Jokaste, *die Königin*

Kreon, *ihr Bruder*

Teiresias

Der Priester

Der Bote aus Korinth

Der Hirte

Die Mägde

Die Greise

Vor dem Palast. Links das mächtige Tor, rechts der heilige Hain, die Mitte frei zur Stadt hinab sich senkend. Das Tor geschlossen. Es ist Tag, aber schwerer Dunst, lastend über den ganzen Himmel, macht eine fahle Nacht aus dem Tag.

Dumpfes Getös heraufdringend, stark und stärker. Die Gesichter zuerst am Rande rückwärts; dann unter dem Druck der Nachdrängenden fluten sie herein wie ein Gießbach; auf einmal ist der Platz bis an die Stufen des Palastes überschwemmt mit ihnen. Ihre Augen sind auf die Tür gerichtet, ihre Lippen wiederholen wie eine Litanei: „Ödipus, hilf uns! Hilf uns, König!" Es sind ganz junge Menschen, Knaben und Jünglinge, vereinzelt unter ihnen Greise.

Eine Stimme *(lauter als alle)*

Ödipus – König – hilf uns!

(Die schwere Tür des Palastes tut sich jäh auf. Eine Stille. – Ödipus tritt hastig heraus. Alle Arme recken sich zu ihm.)

Ödipus Ihr Kinder, was denn soll mir euer Knien

vor meines Hauses Tür? was soll mir denn

dies Strecken eurer Hände gegen mich,

indes die Stadt bei Tag und Nacht dumpf stöhnt,

und singt und jammernd schreit bei Tag und Nacht

herauf zu diesem Haus. Ich will dies nicht

gemeldet haben erst durch fremden Mund.

Ich selber tret' hervor – ich, Ödipus.

So redet, – was treibt euch hierher?

Stimmen *(matt, gräßlich)*

Die Pest ist auf uns – von Haus zu Haus,

von Leib zu Leib der schwarze gräßliche Tod –

wir sterben dahin – wir sterben alle, sterben!

Wie leere Höhlen starren die Häuser – der Markt ist voll mit Toten –

Sie stauen den Fluß – das Feuer verbrennt sie nicht mehr –

Wir wanken daher, und wo wir wanken, atmen wir den Tod –

Und wir sind jung.! – Hilf uns, König!

Ödipus Der Alte rede. Was ihr wollt von mir,
begehrt, erhofft, erwartet, will ich hören.
Ich will euch helfen, will ja – herzlos wär ich,
wenn euer Knien mich nicht jammerte
vor meiner Tür.

Priester *(sein Haar ist verwildert, die Priesterbinde halb gelöst)*
Nun denn, du großer König,
einst schon Erlöser dieser Kadmos-Stadt,
gewaltig Haupt du, ragend, Ödipus,
hoch über allen – hilf doch unsrer Not,
erfind' ein Etwas, dring' mit deinem Denken
ins Dunkle, find' uns eine Abwehr, du!
Sag' uns, wir sollen dahin oder dorthin, –
geh', der du größer bist als wir, geh hin,
wie der Hausvater hingeht, fass' die Stadt,

die, in die Knie gebrochen, stöhnend daliegt,
den Kopf am Boden, stoßweis atmend – fass' sie
beim Horn und richte, Ödipus, o richte
die Stadt doch wieder auf – Herr, deine Stadt!
Mit günst'gen Sternen hast du einmal, damals,
dies Glück geschaffen – nun bewähre dich
zum zweitenmal!

Ödipus Ihr armen Kinder, kund
ist mir, nicht unbekannt, um wessen willen
ihr kämet. Und ich weiß – ich weiß die Namen
all eurer Leiden – weiß sie – geh mit ihnen
zu Bett und steh mit ihnen auf und trag sie
im Herzen und im Hirn und hab das Ohr
mit ihrem Atem voll und meine Zunge
schmeckt nichts als sie. Drum habt ihr mich auch nicht

aus Schlummerruh geweckt. Ich saß und wachte
und weinte – weinte um die Stadt – um euch –
um mich. Und dies ist nicht der erste Tag,
der so mich grüßt. Doch nicht wie Weiber weinen,
wein' ich, ich wein' und ringe gegen das,
was ist, und sinne hin und her und schicke
mein Denken hier- und dorthin. Und mein Sinn
fand dieses eine Mittel und nicht heute
wend' ich es an – nein, längst: zum pythischen
Palast und zum geheimnisvollen Thron
des Phoibos sandte ich vor vielen Tagen
den Kreon, meinen Schwager, um zu forschen,
wie ich die Stadt erlöse. Aber Kreon
bleibt mir zu lang und länger als der Weg
und als der Auftrag fordert, und mein Herz

hat diese Sorge zu den frühern und

die Qual des Wartens zehrt an mir. Doch kommt er,

dann wär' ich schlecht und niedrig, tät' ich dann

nicht alles, was der Gott mich heißen wird.

Was rufen diese?

Priester Kreon rufen sie.

Sie sehn ihn kommen.

Stimmen Kreon! Kreon! Kreon!

Ödipus Apollon! Käm' er doch umfunkelt so

mit Glück, wie er dem Aug' entgegenstrahlt.

Priester Er ist gesegnet. Seine Stirn ist schwer

von Glanz, und Lorbeer ist in seinem Haar.

(Es bildet sich eine Gasse. Kreon tritt auf, geschmückt, Gefolge hinter ihm.)

Ödipus O Fürst, mein Bruder, tu' die Lippen auf!
Welch' einen Ausspruch bringst du uns vom Gott?

Kreon Mich dünkt, den besten. Denn wenn schlimme Dinge
zu gutem Ende kommen, dann, so mein' ich,
steht alles gut.

Ödipus Das Wort! Das Wort des Gottes!
Dein Reden da macht weder froh noch bang.

Kreon Meld' ich vor diesen da des Gottes Botschaft
wie? oder wo wir ohne Zeugen sind?

Ödipus Heraus vor allen denen. Denn um diese
trag' ich den schwerern Kummer als um mich.

Kreon So gehe denn des Gottes Wort hervor
aus meinem Mund: uns heißt der Herrscher Phoibos
– und er gebietet's klar und unverhüllt –
aus diesem Land zu treiben einen Mann,

der wohnt in diesem Land und gräulich wohnt –

Pestbeule am gesunden Leib, Verderbnis

im heil'gen Boden haftend, um sich fressend

Fäulnis und Grausen.

Ödipus Und die Reinigung

auf welche Weise? Wie wird dies vollzogen?

Kreon Durch Ächtung, oder so, daß Blut für Blut

vergossen wird. Denn Blutschuld ist die Nacht,

die zäh und gräßlich uns den Tag verhängt.

Ödipus Und welchen Mannes Tod wird hier verlangt?

Kreon Herr, Laios war unser König hier,

eh' du die Zügel nahmest dieser Stadt.

Ödipus Das weiß ich, da ich's hörte. Selber freilich

hab' ich ihn nie gesehn.

Kreon Um seinetwillen,

des Toten, wird gefordert, daß die Hand

sich waffne und ein Schwert zum Schlag sich hebe

auf seine Mörder.

Ödipus Doch wo hausen die?

Wo läuft die dunkle Spur so alter Blutschuld?

Kreon In diesem Lande, sagt der Gott, Er sagt:

Wer sucht, wird finden. Nur was keiner achtet,

entrinnt ins Dunkel.

Ödipus War's in seinem Haus,

war's auf dem Felde, war's in fremdem Land,

daß Laios fiel?

Kreon Er zog als Pilger, dies

war seine eigne Rede, in die Fremde. Heim

kam er nicht mehr.

Ödipus Und war kein Mensch dabei,

kein Fahrtgenoss', kein Diener – gibt es keinen,

aus dem man etwas noch ans Licht –

Kreon Auch sie

sind nicht zurückgekommen bis auf einen:

der war aus Furcht geflohn und wußte nichts

von allem, was er sah, zu sagen, außer eines.

Ödipus So! Was denn? Eines deckt das andere auf –

den Zipfel einer Hoffnung fassen wir.

Kreon Er sagt, auf Räuber stießen sie, der König

erlag der Überzahl, nicht einem Starken.

Ödipus Des unterfingen Räuber sich und waren

von hier nicht angestiftet – nicht von hier

gekauft?

Kreon Auch dahin ging Verdacht, doch trat
in jener Not kein Rächer auf für Laios.

Ödipus Was war für eine Not, so fürchterlich,
zu hindern, daß man sich bekümmert hätte
um eines Königs Tod?

Kreon Die Sphinx, mein Fürst,
die trieb genug gewaltig, nur aufs Nächste
zu achten und zu lassen, was im Dunkel lag.

Ödipus So bring' denn ich's vom Anfang an den Tag.
Denn recht hat Phoibos, recht hast du, daß euer Mund
sich auftut um des Toten willen, des vergessnen.
Darum verbünde ich mich euch, verbünde mich
mit Gott und diesem Land. Hier geht es nicht
um ferner Freunde Heil: vom eignen Haupt
wehr' ich den Greuel ab, der mich umschwirrt:

denn wer es immer war, der jenen totschlug,
wer bürgt mir, daß er nicht die gleiche Hand
erhebe wider mich: drum dien' ich mir,
wenn ich dem Toten diene. Auf, ihr Kinder,
laßt andre um mich sein, mit grauen Köpfen!
Nun muß ich mich beraten mit den Klugen
und stark sein mit den Starken und ans Ende
von diesen Dingen gehn, dann werden wir
sehr glücklich sein und mit dem Gotte! oder
wir werden niedergehn.

Die Knaben *(zurückweichend, sich neigend, wie abschiednehmend)*

Ödipus! König Ödipus!

(Ödipus mit Kreon und dem Gefolge in den Palast)

(Die Tür fällt zu. Die Knaben weichen völlig zurück, verschwinden.)

Die Greise *(auftretend zu sieben von rechts her aus dem heiligen Hain. Das Gewölk des Himmels ballt sich finster zusammen, durch einen Spalt aber fällt ein Strahl der Sonne, die schon tief zu stehen scheint, auf den Palast Die Greise treten heraus, ihre Stimmen klingen gedämpft)*

(einzeln):

Wer wendet das Gräßliche ab? –

Mein Herz ist alt und voll Furcht –

Athene! Artemis! Phoibos!

Wer von euch wendet es ab?

(zugleich, die Arme hebend, in einer Reihe):

Athene! Artemis! Phoibos!

Der Erste Mörder, der mit Pantherarmen

mich von rückwärts überfällt,

dessen Schrei ins Ohr mir heult,

der mit Fieber das Mark mir verzehrt –

Mörder ohne Gestalt, Mörder Tod,

hinaus! Jagt ihn! Stoßt ihn hinab!

Klippen hernieder ins schäumende Meer,

wo Brandung zischt, stoßt ihn hinunter!

Götter zücken ihre Strahlen!

Götter fliegen uns zu Hilfe!

Götter! Bacchos! Apollon!

Greise Bacchos! Apollon!

Ödipus *(langsam aus dem Hause)*

Du betest. Bete nur – du kannst wohl etwa

herniederbeten, was ein Ende bringt.

Dies sag' ich, selber fremd der ganzen Sache,

fremd wie ich bin, der ich erst später kam

in diese Stadt und König wurde hier,

ein Fremder. Aber euch, Kadmäer, euch
ruf' ich nun auf: wenn einer unter euch ist,
der jemals dies erfuhr, durch wessen Hand
Laios, der König, starb, den heiß' ich dies
mir melden. Und wofern es ist, er müsse
sich selber nennen, und er scheut die Klage
wider das eigne Haupt: er sei getrost,
ihm widerfährt kein Übel, nur dies Land
muß er verlassen; straflos zieht er hin.
Und kennt er einen andern, andern Landes
Genossen als den Täter, soll er's nicht
verschweigen, denn ich lohne ihm's und Dank
bekommt er noch dazu. Doch wenn er mir
mit Schweigen trotzen wollt', wenn einer wäre
und wüßte drum und nur aus Angst um sich,

aus feiger Furcht für einen, der ihm lieb ist,
verschmähte er mein Wort – hört mich, Kadmäer,
wie ich an diesem tun will: ich verbiete,
daß ihn – und sei er wer er sei im Lande,
darin ich Herrscher bin und diesen Zepter
in Händen trage – jemand in sein Haus
aufnehme, noch auch zu ihm rede, noch
bei Opfer und Gebet ihm Anteil gönne.
Nein, jeder stoße ihn von seiner Tür
als einen Greuel, der die Luft uns schändet
und diesen heil'gen Boden, wie der Gott
es offenbart. Denn mit dem Gott und mit
dem toten Mann bin ich lebend'ger König
verbündet, und ob er allein die Tat,
ob mit Gesellen sie beging, ich wünsche,

daß er, der Schlimme, schlimm sein Leben friste,
in Elend, Not und Schmach. Dies gleiche wünsch' ich
mir selber auf mein Haupt, wofern er je
mit meinem Wissen sitzt an meinem Herd
und unter meinem Dache schläft. Von euch
verlang' ich, daß ihr ganz dasselbe heilig
erfüllt um meinetwillen, um der Stadt
und um der Götter willen. Wär' kein Gott
und keines Gottes Stimme hier im Spiel,
es ziemte dennoch nicht, daß diese Tat
hinwucherte wie Unkraut, ungejätet,
denn der Erschlagne war ein guter Mann
und euer Fürst. Nun aber hat ein Gott
geredet und ich hab's vernommen, ich,
und sitz' auf seinem Thron und hab' in Händen

den Stab aus seiner Hand und hab' sein Weib
zum Weibe und die Kinder, sein und meine
– wenn seinen Stamm das Glück nicht jählings abhieb,
so wären sie Geschwister – aber nun
brach ein Geschick hernieder auf sein Haupt,
um dessentwillen kämpfe ich für ihn,
als wäre er mein Vater, und ich will
nicht ruhn noch rasten, bis der Frevler mir
am Lichte ist, der Mörder dieses Königs
vor mir, des Laios, Sohns des Labdakos.
Dies ist mein Wort. Wer gegen dieses handelt,
dem fluch' ich, welchem dieses wohlgefällt
in seinem Herzen, diesen segne ich:
das ewige Recht und alle Götter seien mit ihm.

Greise *(zusammen)*

Ich tat nicht dies – ich weiß den Täter nicht.

Nennen soll ihn der Gott!

Ödipus Wer zwingt die Götter?

(Stille.)

Erster Greis Schweigt der Gott, so redet einer vielleicht

Zweiter Greis Weiß der Gott alles, einer weiß vieles.

Greise Teiresias! Ihn frage, König!

Ödipus Auch dies ist nicht versäumt. Zwei Boten hab' ich

Um ihn gesandt. Mich wundert, daß er säume.

(Stille.)

Greise *(murmelnd unter sich)*

Noch lebt ein Wort,

ein längst verschollnes taubes Wort.

Ödipus Wie lautet's, denn ich acht' auf jedes.

Erster Greis Wandrer

erschlügen ihn, so heißt's.

Ödipus Ich hört' es schon.

Allein den Zeugen weiß man nicht. Wo ist er?

Erster Greis Wenn sein Herz nicht gefeit ist vor Grausen,

dem Fluche trotzt er nicht!

Er hört ihn und stellt sich.

Ödipus Wem vor der Tat nicht grauste, graust vor Worten nicht.

Erster Greis Es lebet, der ihn überführt. Sie bringen den Seher.

(Teiresias tritt auf, von einem Kinde geführt.)

Ödipus Teiresias, der du alles, was bekannt ist

und was geheim und was der Himmel brütet

Und was die Erde trägt, mit innerm Licht durchdringst,

unsehend sehend, auch dies Elend ist
dir nicht verborgen, unsres da. – Drum suchen wir
bei dir die Rettung, Herr, für diese Stadt.
Denn so der Bote dir's nicht schon gesagt,
vernimm, daß Phöbos unsre Sendung so
erwidert: diese Seuche läßt uns los,
wenn wir des Laios Mörder stellig machen
und ihn erschlagen oder Lands verweisen.
Mißgönn' uns nicht den Rat, der in dir wohnt,
denn was ist schöner, was ziemt so dem Mann,
als helfen, wo er kann.

Teiresias Weh, schlimmes Wissen, qualvolles Schauen,
wo Grausen am Ende steht!
O weh, ich wußt' es vorher und konnt' es vergessen –
vergessen – nimmer sonst kam ich hierher.

Ödipus Was ist? Was wirst du trüb', Teiresias?

Teiresias Laß mich fort – trag' du das deine!

ich will das meine tragen – hör' auf mich!

Ödipus Nicht was du sollst, nicht was dir ziemt, redest du da!

Es ist deine Stadt, die Mutter! Weigerst du ihr den Spruch?

Teiresias Was einer redet, gedeiht ihm nicht. Das seh' ich

an dir. Jetzt eben seh' ich's. Davor will ich mich wahren.

(Will gehen.)

Greise *(niederfallend)*

Versag uns nicht das Wort!

Rede, wir liegen vor dir!

Teiresias Ihr wißt nicht, was ihr tut! Niemals, niemals

kommt's über meine Lippen. Um euretwillen.

Ödipus Wie? Weißt es und willst nicht reden

und wir gehn zugrunde!

Teiresias Was drängst du mich? Drängst doch vergeblich.

Ödipus Du böser Alter! Einen Stein triebest du

zur Raserei – du sagst es nie?

Nichts rührt dich? nichts hat Macht über dich?

Teiresias Was weißt du von mir – was weißt du von dir?

Ödipus Wo ist ein Mensch, der das mit Ruhe anhört?

Und die Stadt geht zugrund'!

Teiresias Es macht sich frei, es windet sich los,

ob ich's bedecke mit Schweigen –

es kommt herbei.

Ödipus Was kommen wird, du sollst es sagen, das,

das eben – sagen. –

Teiresias Mein Mund bleibt zu.

Ödipus So muß es denn heraus! Ich halt' mich nicht mehr!

Ich ahne, wie das steht. Du hast die Tat

im Dunkel angezettelt – du! Nur eben

die Hand nicht angelegt – das nicht, weil du ja blind bist!

Wärest du sehend, ich schrie es laut:

dir gehört die Tat, dir ganz allein!

Teiresias *(böse)*

Wahrhaftig? – Nun, so gebe ich den Rat

bei dem zu bleiben, was du kundgetan

zuvor – du, König, als dein eigner Herold,

und weder mich von Stund' an noch auch diese

mehr anzureden.

Ödipus Ich?

Teiresias Da du der Greuel bist,

der blutbefleckte, das Gespinst des Grausens,

die fressend Beule dieser Stadt.

Ödipus Schamlos,

wie er mit diesen Worten herumwirft –

mit *diesen* Worten! Und du meinst, daß du,

Mensch, dem entrinnen wirst –

Teiresias Bin schon entronnen! Um mich mein Schutz,

flügelschlagend, die Wahrheit, mein Besitz!

Ödipus Und woher hast du sie? Doch schwerlich wohl

von deiner Kunst?

TeiresiasVon dir – du! du! – du reißt es mir heraus.

Ödipus Noch einmal – wiederhol' es – deutlicher!

Teiresias Du hast mich nicht begriffen? Oder prüfst du mich?

Ödipus Ich faß' es noch nicht ganz. Sag' es noch einmal!

Teiresias Des Mannes Mörder, den du suchst, bist du!

Ödipus Nicht noch einmal – nicht ungestraft!

Teiresias Willst du

was anderes noch hören?

Ödipus *(verachtungsvoll)*Was du willst.

Soviel du Lust hast. Es ist so wie leere Luft.

(Er bläst Luft über seine Lippen.)

Teiresias Ich sag', du lebst in scheußlicher Vermischung

mit deinen Nächsten und du kennst die Tiefe nicht

des Grausens, drin du wohnst.

Ödipus Und unbekümmert

und fröhlich, meinst du, wirst du fort und fort

so reden?

TeiresiasWohl. Sofern die Wahrheit Macht

und Kraft besitzt auf dieser Welt.

Ödipus Das tut sie.

Nur über dich nicht. Denn du bist ja taub

und blind zugleich und innen auch!

Teiresias Ödipus!

So wie du mich da schmähst, so wird in kurzem

ein jeder hier dich schmähen!

Ödipus Du Geschöpf,

das ewig wohnt in finstrer Nacht, was hast du

zu schaffen hier mit uns? Was kannst du

anhaben denen, die im Lichte wohnen?

Teiresias Auch ist dir nicht verhängt, durch mich zu stürzen

in deinen Abgrund. Dazu ist Apollon

der Rechte und schon ist er an dem Werk.

Ödipus Sag' kurz: Stammt alles dies aus deinem Hirn?

ja? oder sind's Erfindungen des Kreon?

Teiresias Kein Kreon gräbt die Grube, du allein

gräbst sie schon selbst.

Ödipus Macht, Reichtum .Herrscherthron, ihr schönen Kräfte,

im Kampfe der Lebenskräfte andern trotzend,

wie kriecht der Neid um euch herum, wie gräßlich,

wenn dieses Thrones willen, den die Stadt

als freien unbegehrten Lohn mir gab,

mein Schwager Kreon, mein geschworner Freund,

mir heimlich nachstellt, mich ins Elend jäh

zu stoßen sinnt und diesen Gaukler auf mich hetzt,

den alten Taschenspieler da, der Augen hat

für seinen Vorteil, aber sonst für nichts.

Denn rede doch: wo hast denn du einmal

die hohe Seherkraft bewährt? – Ich meine,
es war hier einmal Not an Mann: es saß doch
auf einem Felsen vor der Stadt, mich dünkt,
die Sphinx und sang, die Hündin, Tag und Nacht
in eure Qual hinein – wo warst denn damals
du? Denn mir ist, daß damals Ödipus
hereinkam – wie? – der Nichtverstehende,
kein Seher – und ein Ende machte dem,
woran ihr da verdarbet. Aber diesen
suchst du jetzt fortzutreiben, weil dann Kreon
auf diesem Thron wird sitzen, wie du meinst,
und du wirst seine rechte Hand sein: aber schlecht
wird dieses Kunststück euch bekommen, dir
und deinem Helfer. Wärst du nicht so alt,

du solltest fühlen lernen – büßend fühlen,

was du mir ausgebrütet!

Teiresias Und bist du

der Herrscher, dir entgegen red' ich, rede

so stark wie du, des' ist in meiner Seele

Gewalt. Ich leb', und nicht dein Untertan –

einzig dem Gott nur, ihm, und brauche keinen Kreon,

daß er mich schütze! Höhnst du mich blinden Mann?

Blinder du selbst, erkennst nicht, in welcher Höhle dein Lager!

Siehst nicht, wer die sind, die mit dir hausen!

Sag' doch, woher du stammst? Fremd und feind

den deinen daheim, den deinigen hier.

Wohnst im Lichte? Nicht mehr für lange!

Mit schrecklichen Schritten kommt ein Fluch

von Vater und Mutter und jagt dich hin,

dann frißt dich die Nacht, dann heulen die Berge,

dann heulen die Buchten hinter dir drein den Wehruf.

Ödipus Dies soll ich tragen – dies mir dulden? Fort!

Hinweg mit dir von dieser Schwelle – fort!

Zur Hölle fort mit dir!

Teiresias Riefst du mich nicht,

Teiresias kam nimmer vor dein Haus.

Ödipus Wußt' ich, daß du ein Narr bist?

Teiresias Bin ich dir ein Narr und schien doch deinen Eltern

weise?

(Er geht.)

Ödipus Halt! Welche Eltern? Wer auf dieser Welt

hat mich gezeugt?

TeiresiasDich zeugt der heut'ge Tag –

zeugt dich und macht dich zunichte.

Ödipus Gräßliche Finsternis redet sein Mund! Rätsel auf Rätsel!

Teiresias Bist du nicht der, vor dem die Rätselfrager

verstummen?

Ödipus Ja, begeifre nur, was groß

mich schuf.

Teiresias Elend schuf's dich zugleich.

Ödipus Mag es! Hab' ich die Stadt erlöset doch!

Teiresias Fort nun! Schnell, Knabe, führ' mich weg!

(Es ist indessen fast völlig dunkel geworden.)

Ödipus Ja, laß' dich führen. Bist du hier, so lastet

ein häßlich Etwas, bist du fort, wir atmen

dann wieder frei.

(Er wendet sich, hineinzugehen.)

TeiresiasIch gehe fort, doch werf ich

ins Antlitz dir das Wort, um dessenwillen

ich herkam, denn dein Arm erreicht mich nicht.

Ich sage dir: den du mit Heroldsrufen

und Flüchen suchest, jener Laiosmörder,

der Mann ist hier am Ort. Es wird sich zeigen,

daß er vollbürtig ist, theban'sches Blut,

nicht bloß ein zugelassner Fremdling. Blind

aus einem Sehenden, sonst reich, jetzt Bettler,

wird er am Stabe sich ins Elend tasten.

Erfunden wird er werden als ein solcher,

der haust mit seinen Kindern als ihr Bruder

zugleich und Vater, und von der er stammt,

des Weibes Sohn und Gatte, und des Vaters

Genoß' im Eh'bett und zugleich sein Mörder.

Nun, König, geh' hinein und denke diesem nach,

und lüg' ich dir zuletzt, dann höhne mich!

(Ab.)

Ödipus *(ins Haut ab. Das Tor fällt zu. Nacht.)*

(Die Greise treten vor.)

Erster Greis *(umblickend)*

Wer?

Zweiter Greis Wer hat es getan mit blutigen Händen?

Dritter Greis Das Unsägliche!

Alle *(zugleich)* Er fliehe! er fliehe!

(Sie sind an der Mauer des Palastes.)

Erster Greis *(die Hände aufhebend)*

Im wilden Walde schweift er hin,

durch Schlünde und Klüfte klimmt sein Fuß,

er will die Stimme nicht hören!

Doch fliegt sie ihm nach und umflattert sein Haupt, –

er entflieht ihr nicht!

Zweiter Greis *(an dem Hause)*

Ist er nicht klug, ist er nicht gut

und unser König –

und ihn stürzte ein Wort –

ein Hauch vernichtete ihn!

Ödipus! Ödipus!

Alle Dunkel! – Wer schaut ins Dunkel?

Götter allein – Zeus – Apollon!

(stark)

Zeus! Apollon!

(Kreon von rechts, in dunklem Kleide. Vor ihm ein Fackelträger. Er gebt auf das Haus zu.)

Die Greise *(aus dem Dunkel)*

Kreon!

Kreon *(stehenbleibend; in der Mitte)*

Wer ruft? Wer klagt mich an?

Die Greise Ödipus!

Kreon So will ich sterben, wenn ich untreu bin!

Wer erfindet mich untreu der Stadt? –

den Freunden? – euch? – ihm? – wer?

Erster Greis Ich weiß nicht. Was die Herrscher tun, das seh' ich nicht.

Kreon Er selber sprach das Wort? Antworte mir:

mit klarem Blick, seiner selbst bewußt, bei Sinnen?

Antworte mir!

Zweiter Greis Ich weiß nicht. Was die Herrscher tun, das seh' ich nicht.

(Das Tor auf; Licht bricht heraus. Ödipus steht da. Die Greise treten nach rechts hinüber ins Dunkle.)

(Ödipus und Kreon stehen sich Aug' in Auge.)

Ödipus Du hier? Wie wagst du das? mit welcher Stirn?

Der du gezielt nach diesem Haupte da?

Vor aller Augen die Finger krallst nach der Krone?

Rede doch: bin ich dir dumm oder feig,

daß du das ersannest an mir zu tun?

Hast du gemeint, ich könne das Netz

nicht merken? wie? oder nicht zerreißen,

wenn ich's gemerkt? Wer bist du denn?

Einen Thron erobert Glück oder Kraft –

Wer bist du – Kreon!

Kreon Hör' mich, dann richte.

Ödipus Zu hören brauch' ich dich nicht.

Was du getan, redet für dich.

Strafen werd' ich.

Kreon Was hab' ich dir getan, mein Bruder Ödipus?

Welches Leid dir angetan?

Ödipus Der mich hieß, Boten senden an den Seher,

warst du – oder warst es nicht?

Kreon Ich war's und steh' noch ein für den Rat.

Ödipus Stehst ein. *(Pause)*

Wie lange ist das her, daß Laios –

Kreon Was Laios –? Weiter! Ich versteh' dich nicht!

Ödipus Verschwand – ganz spurlos – hingemordet irgendwo.

Kreon Lang' ist das her.

Ödipus Lang'! Und hat damals schon

des Propheten Kunst geblüht?

Kreon Er war von jeher

ein großer Seher. Damals gerade so wie heute.

Ödipus Und hat er damals immer so gedacht?

Kreon Nicht daß ich wüßte.

Ödipus Aber nach dem Mörder habt ihr geforscht?

Kreon Das taten wir. Allein stumm blieb um uns die Welt.

Ödipus Warum hat damals der weise Mann es nicht gesagt?

Kreon Das weiß ich nicht.

(Pause.)

Ödipus Doch so viel weißt du – so viel

kannst du auch sagen, wissend, daß du's weißt:

daß jener Alte, kam er nicht mit dir

zusammen, nie und nimmer hätt' den Mord

des Laios mein Werk genannt.

Kreon Davon weiß ich nichts. Darf ich nun fragen?

Ödipus Frag' nur. Ich bin kein Mörder.

Kreon Sag', ist nicht meine Schwester dir vermählt?

Ödipus Soll ich dir das verneinen?

Kreon Teilst du nicht –

und willig, dieses Landes Macht mit ihr?

Ödipus Soviel sie wünscht.

Kreon Und bin der Dritte dann

und euch zunächst nicht ich?

Ödipus Da sagst du's, Kreon!

Weh ungetreues Herz!

Kreon *(hebt die Hände)*Du sollst es prüfen –

erwäg' es, Herr! Soll ich nach Herrschaft gieren,

die muß voll Sorgen sein, statt daß ich so

die gleiche Macht wie einen weichen Mantel

um mich gezogen, ohne Alpdruck schlafe?

Was soll ich wollen, der ich als ein Fürst

gehalten bin, ein kummerfreier Herrscher,

die Brust umspielt von weicher Luft, und alle

umschlingen meine Hand mit ihren Händen

und meines Mantels Ende fassen sie

und ihre Augen schmeicheln meinen Augen,

wenn sie vor dich hin wollen, o mein Bruder!
Dies sollt' ich fahren lassen, süß und reich,
wie's mich umgibt, und haschen, wie in fahlen
Halbträumen nach dem andern? Ödipus!
kennst du mein Herz so schlecht? nimmst du mich so?
auf unerwiesnen Argwohn? Ödipus!

(Er rührt sein Gewand an.)

Laß' doch die Zeit mich prüfen. Triffst du mich
mit dem – mit jenem – mit dem Seher dort
geheime Pläne schmieden, straf mich dann!
Straf mich, wie du noch nie gestraft! Allein
stoß' nicht den Freund von dir um nichts!
Ist's nicht, als würfest du dein eigen Sein
im jähen Zorn von dir! Sind Jahre nichts?
Gelebte Jahre, Ödipus!

Die Greise *(murmelnd)*Er redet

ein gutes Wort! Wer sich vor jähem Sturze

in acht nimmt, hört ein solches Wort, o Fürst!

Der Rasche handelt selten wohlbedacht.

Ödipus Im Rücken spinnt Verrat sich an und ich

soll zögern, ruhig warten, bis ich hin bin

und er an seinem Ziel?

Kreon Was denn begehrst du?

Du stoßest mich aus diesem Land?

ÖdipusO nein.

Kreon Nein?

Ödipus Nein. Geächtet wirst du nicht. Du stirbst.

Kreon Wahnsinniger!

Ödipus Nun bei Vernunft, nun erst

vielleicht zum erstenmal.

KreonVernunft –

Ödipus Für mich.

Für mich!

Kreon Doch auch für mich verlang' ich sie –

Vernunft?

Ödipus Kreon, du bist ein Schurke.

Kreon Und wenn dies alles Unsinn ist?

Ödipus Auch dann

hast du zu bücken dich.

Kreon Nicht vor dem Unrecht,

das bös sich spreizt.

Ödipus O Königtum von Theben!

Kreon Auch ich bin Blut von Theben, ich bin auch

ein Teil von dieser Stadt.

Greise Ihr Fürsten! Still!

Jokaste kommt, die Königin!

(Jokaste tritt aus dem Tor.)

Jokaste Unselige, was streitet ihr im Dunkeln?

Schämt ihr euch nicht noch finstres Leid zu schaffen,

wo alles rings von finstrem Leiden stöhnt?

Geh' in dein Haus zurück, schnell, Kreon, geh!

Kreon Schwester, das Ungeheuere, dein Mann

verhängt es über mich und schreit: es ist

Gerechtigkeit. Er stößt mich aus der Heimat,

oder er liefert mich dem Henker!

Ödipus Ja!

so tu ich, meine Frau. Denn ich hab' ihn

ertappt, wie er Verrat im Dunkel spann.

Kreon So töte mich ein Fluch, wenn ich getan hab',

wess' er mir Schuld gibt.

Jokaste Glaub' doch bei den Göttern,

glaub' doch dem Eid. Er schwört ja doch. Bezähm'

doch deinen Zorn vor mir und vor den Männern,

die dort im Dunkel stehn.

Die Greise Gib nach, mein Fürst!

Bezähme dich'

Ödipus Was soll ich tun?

Die Greise Stoß' nicht den Freund von dir! Verachte nicht

gelebte Jahre! Sie sind alles, was uns bleibt!

Ödipus Und weißt du, was du forderst?

Die Greise Weiß es wohl.

Ödipus So rede!

Die Greise Er hat sich rein geschworen.

Aus grundlosem Wahn stoß' ihn nicht fort!

Ödipus Begehrt ihr das? So habt ihr mein Verderben

begehrt.

Die Greise Nein! nein! nein!

Zerbrich mir nicht mein altes Herz!

Mög' ich vergehn, wenn ich jemals das gedacht!

Ödipus So geh er hin und müßt' ich zehnmal drum

zugrunde gehn. Dein Jammer schneidet mir

ins Herz. Doch, wo er bleiben wird,

werd' ich ihn hassen.

Kreon Ödipus!

Ödipus Fort! Laß' mich!

Heb' endlich dich von hier!

Kreon Ich geh', ich gehe.

Du kennst mich nicht, die aber kennen mich.

(Er geht.)

Die Greise *(unter sich)*

Was führt sie den Mann nicht hinein?

ins Haus, in den Frieden?

Jokaste *(mit Ödipus vor dem Tor. Von innen aus dem Haus fällt Fackellicht.)*

Sag mir, was es war. Mich ängstet dein Zorn,

Mich ängstet das Dunkel.

Ödipus Betrug und Tücke, namenlos!

Jokaste Sprich es aus! Zu mir, Ödipus!

Ödipus Er sagt – er sagt, es kommt heraus, daß ich
der Mörder dieses Laios bin –

Jokaste Er sagt?
Was heißt: er sagt? er meint es? er bezeugt's?
oder er hat's gehört von irgendeinem?

Ödipus O, er nimmt's nicht in seinen Mund, das Wort.
Er hat den schurkischen Seher ausgeschickt –

Jokaste Den Seher! O dann schlag' dir's aus dem Sinn.
Hör' mich doch an: es gibt kein sterblich Wesen,
das Seherkraft besitzt. Ich weiß es, ich,
und ich beweis' es dir: dem Laios
ward so verkündigt, o mit solcher Wucht,
daß ihm der Tod bestimmt sei von der Hand
des eignen Sohnes. Nun? und haben ihn

auf einem Kreuzweg wo in fremdem Wald,
nicht fremde Räuber eines Nachts erschlagen?
Und hat des armen Kindes Leben kaum
den dritten Tag geseh'n, so griff er es
und band mit Riemen ihm die kleinen Füße
und warf's durch eines Knechtes Hand hinaus
in öde Wildnis, die kein Fuß betritt.
So hat Apollon weder dies erfüllt
noch jenes: jenes Wesen wuchs nicht auf
und ward kein Vatermörder, Laios
erlitt nicht seinen Tod von Kindeshand.
Da hast du ihre Sehersprüche. Will
ein Gott das Schicksal offenbaren, reißt
er selber leicht die dunklen Schleier weg.

Ödipus Weib! Weib! wie du da redest, wühlt sich mir

das Innre um und gräßlich fliegt im Hirn

das Denken.

Jokaste Was beängstigt dich? was meinst du?

Ödipus Ich glaub'; du hast gesagt, auf einem Platz

im Walde, wo sich Wege kreuzen, wurde

Laios erschlagen.

Jokaste Ja, so ward gesagt.

Ödipus Wo liegt das Land, wo dies geschah? wo liegt es?

Jokaste Das Land heißt Phokis. Mit dem Weg nach Daulia

ans Meer trifft sich ein Hohlweg, der nach Delphoi

hinaufführt.

Ödipus Wie viel Zeit mag seit der Tat

verflossen sein?

JokasteEs war nur wenig früher,

daß wir's erfuhren, als den Tag, den du

hier zu uns kamest und dann König wurdest.

Ödipus *(zum Himmel)*

O Zeus! was hast du mir zu tun beschlossen!

Jokaste Mein Ödipus, was faßt dich an?

Ödipus Frag nicht.

Noch nicht. Vom Laios melde mir. Nur schnell.

Wie war sein Wuchs? von welchem Alter war er?

Jokaste Groß, eben fing sein Haar zu bleichen an.

Dir glich in vielem die Gestalt.

Ödipus O weh'!

O weh' mir Armem! bodenloser Abgrund

gräßlicher Flüche, selbst gegraben, selbst mich selber

hinabgestürzt!

Jokaste Mein Fürst! ich habe Furcht.

Ödipus Ich habe Angst, gräßliche Angst, es könnte

der Seher richtig das gesehen haben . . .

(Er rafft sich auf.)

Das wird sich zeigen, wenn du eines noch

mir sagst.

Jokaste Mich schüttelt solche Furcht! Sei ruhig,

ich werde alles sagen, was ich weiß.

Ödipus Ob jener Laios einfach reiste oder

mit viel Gefolge, als ein Fürst?

Jokaste Es waren

im ganzen fünf. Darunter war ein Herold.

Ein Wagen bloß, auf dem fuhr Laios.

Ödipus Ah! alles klar! Wer war es denn nachher,

der diese Nachricht brachte, Weib!

JokasteEin Diener.

Der einzige, der sich rettete.

Ödipus Wo ist er?

im Haus?

Jokaste Nicht mehr. Nachdem er wiederkam

und sah die Macht in deinen Händen und

verschwunden Laios, so warf er sich

vor mir zur Erde, faßte mein Gewand

und bat mich flehend, ihn aufs offne Land

zu lassen, zu den Herden. Und ich ließ ihn.

Denn war er auch ein Knecht, er war wohl noch

viel größrer Gnaden wert, als dieser Gunst.

Ödipus Er muß herbei. Geht das? geht das in Eile?

Jokaste Das kann er. Doch zu welchem Zweck begehrst du's?

Ödipus Mir bangt um mich, Frau, daß ich schon zu viel

geredet habe. Darum wünsch' ich ihn

zu sehen.

JokasteEr soll kommen. Doch auch ich

verdiene wohl, mein König und Gemahl,

zu wissen, was dir so das Herz beschwert.

Ödipus Es bleibt dir nicht erspart, da ich so weit

gekommen bin in meinen Hoffnungen.

Wo wäre auch ein höh'res Haupt, zu dem

ich reden könnte, da mich mein Geschick

so weit getrieben hat. Hör' zu. Mein Vater

war Polybos, der König von Korinth,

die Mutter Merope. Ich lebte dort,

als erster nächst dem Throne, bis sich etwas

begab, das seltsam zwar, allein nicht wert

all meines Eifers war. Bei einem Gastmahl
berauschte sich ein Mensch und nannte mich
ein Findelkind, ein eingeschmuggeltes
an Königsohnes statt. Ich schlug den Mann,
daß sie für tot ihn trugen, und am Morgen,
nein, noch die gleiche Nacht, ging ich hinein
zu meinen Eltern und befragte sie. Sie zürnten schwer
dem, dessen frecher Mund gesprochen hatte
im Rausch, was nicht die Wahrheit war. Sie schlangen
die Arme so wie nie um mich und gaben
der Seele unvergeßlich süße Worte.
Allein das andre Wort fraß sich mir tief und tiefer
ins Innre und so zog ich heimlich fort
nach Delphoi, zum Palast des Gottes, wo
die Wahrheit aus dem Mund der Priesterin

wie flüssig Feu'r hervorbricht. Doch Apollon, –
merk' auf – um was ich kam, das achtete
er nicht der Antwort wert und kündete
mir andre schlimme grauenvolle Dinge:
daß ich zum Weib die Mutter nehmen würde
und Kinder zeugen, ein Geschlecht des Grausens,
und meines Vaters Mörder sein. Und als
ich dies vernommen, stieß ich mein Gefolge
von mir und mied von da an mein Korinth
und zog in fremdes Land, damit ich nie
die Schmach des grauenvollen Spruches möchte
an mir erfüllt sehn. Und die Wanderung
hat mich, daß weiß ich, auch dahin geführt,
wo dieser König, wie du sagst, erschlagen ward.
Und, Frau, ich will die Wahrheit reden: einmal,

an einem Abend, war ich jenem Kreuzweg
ganz nah' – da kam ein Herold mir entgegen
und fuhr mich an mit bösen Reden und
er wollte nach mir schlagen. Da erschlug ich
den Herold und nachher erschlug ich auch
den Herrn des Wagens und die Knechte auch,
weil sie mich binden wollten für den Henker.

(zögernd)

Wenn nun der Fremde irgendwie verwandt
mit Laios war – wer wäre dann so elend,
wie dieser Mann? Wo wäre, Weib, auf Erden,
ein zweiter so verhaßt, so erzverhaßt
den Göttern? Über mir kein Dach. Mich nimmt
kein Gastfreund in sein Haus. Es redet keiner
zu mir. Sie stoßen mich von ihrer Schwelle.

Und das hat keiner über mich, kein andrer
verhängt als ich. Und dann des Toten Bette,
das wird von meinem Leib berührt, vom Leib
des Mörders. Bin ich nicht verrucht? nicht ganz
verworfen? Und muß ich von jetzt nicht schweifen
auf ewig unbehaust? Nicht hier daheim,
nicht dort? Denn setzt ich den verfluchten Fuß
dort in die alte Heimat, müßt ich ja
die Mutter freien und des Vaters Mörder sein,
der mich gezeugt und aufgezogen hat,
des Königs Polybos. Hier dies, dort das.
Wer spielt dies Spiel mit mir? Das ist ein un-
geheurer, grausam starker Dämon! Weh!
O Heiliges, verborgen Webendes,
den Tag nur lass' mich nicht erleben, lass'

mich aus der Welt entschwinden, spurlos, ewig

verschwinden, eh' das Schicksal auf die Stirn

Dies blutige Brandmal drückt.

Die Greise Noch ist ja Hoffnung!

Die eine! bis der Mensch, der eine Zeuge,

dess' Augen alles sah'n, gesprochen hat.

Ödipus So weit frist' ich die Hoffnung hin. So lange

ertrag ich es, zu warten.

Jokaste Und wenn er da ist, was beschließest du,

was dann zu tun?

Ödipus Dann? Find' ich, daß er überein

aussagt mit dir, dann wär' ich ja entflohn

der fürchterlichen Angst.

Jokaste In welchem Ding? was hab' ich denn gesagt?

Ödipus Du sagst, er sprach von einer Räuberschar,
die ihn erschlug. Ich bin ein einzelner.
Doch wenn er einen ledig zieh'nden Wandrer nennt,
dann fällt's auf diesen Kopf!

Jokaste So sei gewiß, so war's, so wie zuerst
ich sagte. Wenn er widerrufen wollte,
es waren Männer da, nicht ich allein,
die's hörten. Und wenn er verdrehen wollte
das eigne Wort, zur alten Meldung dies
und jenes fügen – das – das wäre ja
gar nichts! Dann stimmen ja aufs neue nicht
des Laios Untergang und die Orakel.
Denn Laios verhieß ja er, der Gott,
daß ihm das Kind, aus meinem Schoß geboren,
den Tod bereiten würde. Hat ihn denn

nun dies unsel'ge Kind erschlagen, das

längst vor dem Vater tot war? Das sind Sprüche

von Sehern! Mich bekümmert keiner mehr.

Ödipus Wie du das ausdenkst! Du hast recht. Nur dennoch

lass' mir den Hirten kommen.

Jokaste Ödipus!

Ödipus Nein, das versäum' mir nicht.

Jokaste Ich will es tun.

In Eile send ich hin. Nur komm hinein.

(Sie gehen in den Palast. Das Tor schließt sich. Halbdunkel, wie wenn der Mond hinter Wolken steht.)

Die Greise *(treten vor).*

Der Erste Hast du gehört, wie sie von den Göttern sprachen?
wie frech die Worte, schamlos und nackt
aus ihrem Munde brachen?

Der Zweite Ein Etwas muß sein, es bindet das Wort,
es bindet die Tat, es bindet die frevelnden Hände.
Wehe, wenn nichts uns bände!
Wenn Unzucht rast hinauf und hinab,
das ist das Ende!

Der Dritte Unzucht wohnt in ihren Herzen,
ein ewiger Sturm umschnaubt ihr Leben:
es treibt sie hinauf zu schwindliger Höh,
wo keinem zu stehen gegeben.
Wann stürzt es sie wieder hinab
in Jammer, Schmach und Grab?

Der Vierte In Jammer und Grab

soll es sie werfen!

Wenn straflos sie gehen,

erhoben das Haupt,

wer ist's, der noch glaubt?

Wenn diese wandeln

in Glanz und Ehr,

dann opfern wir alle nicht mehr!

Der Fünfte Wie sie den Götterspruch schmähten,

von Laios den Spruch,

den uralten Fluch!

Wenn sie das dürfen, wer wird noch beten!

(Eine Pause.)

Der Erste Zum Nabel der Erde, zum delphischen Haus,

zum strahlenden Tempel von Abä,

trägt mich Pilger der Fuß nicht mehr!

Die Sieben *(zugleich)*

Trägt mich mein Fuß nicht mehr!

Der Erste Wenn hier nicht das Göttliche kommt an den Tag,

so, daß ich's mit Händen zu greifen vermag.

Die Sieben *(zugleich)*

An euch ist's, ihr Götter, dies furchtbar zu wenden,

wir wollen es greifen, mit diesen Händen,

sonst opfern wir alle nicht mehr.

(Jokaste aus dem Haus, mit den Binden der königlichen Priesterin umwunden. Vor ihr drei Mägde, zum Opferdienst in fließende Gewänder eingewunden bis unter die Augen. Sie tragen jede in goldner Schale eine

lautlos lodernde blaue Flamme. Die Greise treten auseinander, ins Dunkel. Die Königin schreitet im Licht der bläulichen Flammen auf den Hain zu.

Die Greise Die Königin! Was will sie weih'n?

(Jokaste bleibt auf der obersten Stufe zum Hain stehn. Die drei mit den Schalen stehen nebeneinander, unter der Königin.)

Jokaste Die Seele eures Königs, meines Herrn
ist krank. Drum will ich vor die Götter treten,
damit sie sanft ihn heilen. Denn was sind
denn wir, wenn er zu Boden liegt, der Mann
am Steuer und es werfen Sturm und Nacht
das Schiff einander zu?

Ein Bote *(von rückwärts auftretend)*

Ihr guten Leute,

sagt einer mir das Haus des Ödipus?

und wo ich selbst ihn finde, sagt mir einer?

Der Erste Dies ist sein Haus. Hier findest du ihn drin.

Die vor dir steht, ist seine Königin,

die Mutter seiner Kinder.

Bote Sei gesegnet,

du Königin, und lebe mit Gesegneten

vereint im Leben.

Jokaste Und das gleiche sei

auch dir beschieden, fremder Freund. Du bist

es wert um deines Grußes willen. Rede,

was bringst du uns? was kommst du zu begehren?

Bote Glück deinem Haus und deinem Gatten Glück.

Jokaste Was für ein Glück? von wo kommt's hergeschwebt?

Bote Vom Land Korinth: und eine Botschaft ist's,

die etwa wohl zugleich erfreuen ihn

und auch betrüben mag.

Jokaste Welch Ding ist dies,

das Doppelkräfte hat?

Bote Sie wollen ihn,

die Männer dort vom Isthmusland, zum König.

Jokaste Wie? Hält nicht Polybos in alter Hand

den Stab?

Der Bote Nicht mehr. Denn in der Erde schläft er.

Jokaste Was sagst du Alter? Tot ist Polybos!

Der Bote So wahr ich atme, ja.

Jokaste O meine Mädchen!

Rhodope, Pannychis, Kalirrhoe,

zum Herrn! zum Herrn!

(Die Mägde eilen ins Haus.)

Ihr Offenbarungen

wo seid ihr nun? So lange bebte er

vor einem Mord an diesem alten Mann:

nun hat das Schicksal ihn erlegt, o Ödipus!

(Ödipus tritt aus dem Haus, hinter ihm ein dunkler Gewappneter mit einer Fackel.)

Ödipus Geliebtes Herz, du hast mich holen lassen,

von wo ich saß und dachte. Sprich, wozu.

Jokaste Den Mann da höre und dann sage mir,

was wird aus dem erhabnen Götterspruch!

Ödipus Wer ist der Fremde und was bringt er mir?

Jokaste Der Mann ist aus Korinth und meldet bloß,

daß Polybos, dein Vater, tot ist.

Ödipus Was?

Sag' das mit eignem Mund!

Der Bote Nun denn: so sag' ich,

er ist hinab.

Ödipus Durch Mord? Nein? Nicht durch Mord?

Durch Krankheit?

Der Bote Ein geringer Anstoß war

genug: denn er war alt.

Ödipus So hat den Armen,

so hat ihn Krankheit weggezehrt?

Der Bote Auch schon am Alter selbst beinahe ist

er hingewelkt.

Ödipus O weh! was hat man dann,

Jokaste, noch beim pythischen Orakel

zu suchen, warum späht man noch nach Zeichen,

die mir mit maßlosem Betrug, daher

gehängt den Vatermord, da über's Haupt!

Der ist nun unterm Boden und ich hab'

kein Schwert hier angerührt – er müßte denn

aus Sehnsucht nach mir gestorben sein. So wär' ich

denn freilich schuld an seinem Tod.

Nun hat er diesen Fluch hinabgenommen,

wo er mit ihm zu Staub zerfällt.

Jokaste Und hab' ich

nicht längst dir dies vorhergesagt?

ÖdipusDu hast's

gesagt. Ich aber war vor Angst

wie toll.

JokasteNun aber mach' dich frei, auch völlig

für immer frei.

Ödipus Wie? Vor der Eh' der Mutter

soll mir nicht bangen doch?

JokasteWas braucht der Mensch

zu fürchten? Treibt ihn nicht das Ungefähr

dahin und dort? Weiß er von einem Ding

das Wesen, windet ihm nicht jeder Luftzug

sein Selbst aus seiner Hand? Nur leben, leben

gradhin. Bekümmre dich um kein Orakel.

Es haben Menschen auch in Träumen schon

gelegen bei der Mutter. Acht' es nicht,

Wer's von sich bläst, erträgt die Last des Lebens,

der andere erliegt.

Ödipus Das alles sagst du
vortrefflich, wäre nur die Mutter nicht
am Leben. Aber da sie lebt, was soll ich
denn anders in mir haben, als die Angst!

Jokaste Vom Grab des Vaters weht kein Trost dich an?

Ödipus Ja. Wohl. Doch, daß die Mutter lebt, das ängstet.

Der Bote Um welche Frau bist du in Ängsten, König?

Ödipus Um Merope, die Frau des Polybos.

Der Bote Was ist's mit ihr, wovor dir banget, Herr?

Ödipus Ein schlimmes Wort, von Göttern offenbart.

Der Bote Läßt es sich sagen? Oder ist verwehrt
dem fremden Ohr?

Ödipus Ich kann dir's sagen, Mensch.
Mir offenbarte der zu Delphoi thront,

umarmen würd' ich meine Mutter und
mit eigner Hand des Vaters Blut vergießen.
Das trieb mich von Korinth. Meinst du, ich hab'
um nichts das hingeopfert, ihr Gesicht
nicht mehr zu sehen?

Der Bote Wirklich dies? Nichts andres
vertrieb dich aus Korinth?

Ödipus Wie, nicht genug?
Dies eine und des Vaters Mörder werden?

Der Bote So soll ich eilen, Herr, und schnell das Wort
dir sagen, das dich frei macht, wenn ich gut
dir dienen will?

Ödipus O könntest du's, ich wollte
dir lohnen, lohnen –

Der Bote Darum kam ich auch,

daß du mich lohnest als ein reicher König,

wenn du zurückkehrst in dein Vaterhaus.

Ödipus In einem Haus mit ihnen wohn' ich nicht,

die mich geboren!

Der Bote Nein? Dann weißt du nicht,

Kind, was du tust.

Ödipus So lehr' mich's Alter, red'!

Was weiß ich nicht?

Der Bote Wenn du um ihretwillen

nicht heimkehrst.

Ödipus Faß' mich doch: aus Angst, aus alter

tödlicher Angst.

Der Bote Vor dem, was du begehen –

an deinen Eltern dort begehen könntest?

Ödipus Ja, Vater, ja!

Der Bote Und, daß all' diese Angst

um nichts ist: weil ja Polybos, du Fürst,

gar nicht ein Blut mit dir.

Ödipus Was redest du?

Nicht Polybos hat mich gezeugt?

Der Bote So wenig

als ich, der vor dir steh'.

Ödipus Was soll das heißen?

Warum dann nannte er mich Sohn?

Der Bote So wisse:

als ein Geschenk bekam er dich aus meiner,

aus dieser Hand da!

Ödipus Aus der Hand des Knechtes?

und hielt mich lieb und wert und hegte mich?

Der Bote Das macht, sie waren vordem kinderlos.

Ödipus Ein Findling bin ich? oder hast du mich

gekauft?

Der Bote Ein Findling aus dem Waldgeklüft

Kithäron.

Ödipus Wie kamst du in dies Gebirg?

Der Bote Ein Senne war ich dort, mit großer Herde

zu Berg gefahren.

Ödipus Solch ein Hirte warst du?

der wandert mit dem Vieh?

Der Bote Dein Retter war ich,

dein Retter, lieber Sohn.

Ödipus Du fandest mich

in Not und Qual?

Der Bote Wahrhaftig das bezeugen

wohl heut' noch die Gelenke deiner Füße.

Ödipus O weh! was rührst du auf!

Der Bote Die armen Füße

durchbohrt, umschnürt, aus blut'gen Riemen löst' ich

die Füße dir.

Ödipus Verfluchte Narben, schmählich

empfangen in den Windeln!

Der Bote Deinen Namen

hast du ja auch daher.

Ödipus Jetzt rede: war's

des Vaters oder war's der Mutter Hand,

die das an mir getan?

Der Bote Das weiß ich nicht.

Der dich mir gab, wird das wohl eher wissen.

Ödipus Du fandst mich nicht? ein andrer gab mich dir?

Der Bote Ein andrer Hirte war's. Der gab dich mir.

Ödipus Wer? weißt du, wer es war?

Der Bote Er hieß ein Knecht

des Laios.

Ödipus Dessen, der hier König war,

vor mir?

Der Bote Desselben. Ja.

Ödipus Und lebt der Mensch?

Kann man ihn reden machen?

Der Bote Das müßt ihr

am besten wissen, ihr Einheimischen.

Ödipus Ist einer unter euch, der Kunde weiß

von diesem Hirten, den er meint? So redet.

Einer der Greise Ich mein', es ist kein andrer als der Mann

vom Felde, den du ehe schon begehrtest.

Ich mein, es ist gesandt um ihn. Doch hier

die Frau wird alles dir am besten sagen.

(Er tritt sogleich wieder ins Dunkel zurück.)

Ödipus Ich bitte, sprich: ist der, um den du schicktest

(zu Jokaste)

der gleiche, den der Mann hier meint?

Jokaste *(qualvoll)*Ich weiß nicht,

wen dieser meint. Ich höre nicht auf ihn.

Was kümmert dich sein Reden!

Ödipus Was? Dies hören

und mein Geschlecht im Dunkel lassen? Nein!

Jetzt oder nie ergründ' ich, wer ich bin.

Jokaste Nein! nein! bei deinem Leben, frag' nicht weiter!

Genug ist meine Pein.

Ödipus Ist dir so bang?

Getrost, ich schände nicht dein Bett und wär' ich

von Vater her und Ahn' aus Knechtesblut.

Jokaste Und dennoch folg' mir! Lass' dich bitten!

Ödipus Still!

Ich folg' dir nicht. Jetzt gilt's zu wissen!

Jokaste Hör' mich!

Dein Bestes rat' ich dir.

Ödipus Dies Beste ist

mir lange schon zur Qual. Den Hirten will ich.

Schafft mir ihn keiner?

Jokaste Unglückseliger!

erfahre niemals wer du bist.

(Sie steht starr vor Grauen.)

Ödipus Ich lass' dir

die Lust an deinem Blut. Wird einer mir

den Hirten bringen?

Jokaste *(indem sie ins Haus geht)* Du Unseliger!

Die Greise *(leise)*

Die Frau! seht auf die Frau! Ich kann die Augen
nicht sehn, mit denen sie dich ansah. Hast du
die Augen nicht gesehen? Ödipus!

Ödipus Es reiße, was da reißen will! Doch ich
will wissen, wo ich hergekommen bin,
und wär' es aus dem Staub. Das Weib ist stolz.
Mir scheint, sie schämt sich meiner: aber ich,
ich bin der Sohn des Glücks und Vettern sind mir
die Monde, die mich groß und klein gemacht,
die wechselnden. Wer solchen Stammbaum hat,
der forscht nach seinem Blut.

Die Greise *(verschieden)*

Vielleicht bist du das Kind von einem Gott
gezeugt im Wald mit einer? Ist nicht Pan

dein Vater? Nicht Apollon? Bacchos nicht?

Nicht Bacchos? Hat nicht eine von den Nymphen

am Helikon mit Bacchos dich gezeugt?

Ödipus *(ohne sie zu achten, ins Dunkel spähend)*

Das muß der Alte sein! Der Hirte dort,

den wir erwarten. Überdies erkenn ich

in denen, die ihn führen, meine Diener.

Siehst du den Mann?

Die Greise *(zusammen)* Er ist es. Dieser ist es.

(Der alte Hirte tritt in den Schein der Fackeln).

Ödipus Dich frag ich, Fremdling aus Korinth, zuerst:

ist's dieser, den du meinst?

(Er zieht in seiner verzehrenden Ungeduld mit der Linken den Boten, mit der Rechten den Hirten dicht vor sich ins volle Licht der Fackeln.)

Der Bote Derselbe, Herr.

Ödipus *(zum Hirten)*

Hör' Alter. Sieh mich an und gib Bescheid

auf meine Fragen: Du warst Knecht bei Laios?

Der Hirte Sein Knecht, Herr, von Geburt sein Knecht.

Ödipus *(in rasender Ungeduld, wendet sein Gesicht jäh von dem einen zum anderen, kaum die Antworten, die er vorauf weiß, abwartend. Es ist, als risse er in dämonischer Gier das Schicksal in sich hinein wie ein Schwert)*

Was war dein Dienst?

Der Hirte Die Herden trieb ich, Herr,

die meiste Zeit.

ÖdipusIn welcher Gegend?

Der Hirte Meist

auf dem Kithäron, oder ringsherum,

Herr, in der Nachbarschaft.

Ödipus So kennst du diesen?

(Er faßt den Boten und den Hirten am Nacken und nähert ihre Köpfe einander im grellsten Licht der Fackel, die er durch einen Griff nach dem Arm des Fackelträgers näher herbeizwang.)

Der Hirte Wie sollt' ich diesen – Herr – was ist es denn

für einer?

Ödipus Dieser! Dieser! Hast du nie

mit diesem was zu tun gehabt?

Der Hirte Nicht, daß ich

mich des so schnell entsinnen könnte, Herr.

Der Bote Das ist kein Wunder, Herr. Doch frisch ich ihm
sogleich das Alte auf. Des wird er sich,
das wette ich, entsinnen, daß vorzeiten
auf dem Kithäron, wo die Triften sind,
die großen Weideplätze, daß wir da
drei halbe Jahre, jedesmal vom Frühjahr
bis tief in' Herbst hinein, mit unsern Herden,
er hatte zwei und ich nur eine, daß wir
da Nachbarn waren und freundnachbarlich
verkehrten, und zu Wintereinbruch dann
trieb ich hinab zu meinen Hürden, er
zu Laios Höfen. Rede ich die Wahrheit,
ja? Oder nein?

Der Hirte Ja, ja, nur ist es lange,
so lange her.

Der Bote So sage, weißt du's noch,

wie du das Kind mir damals gabst?

Der Hirte Was soll das?

Was fragst du das mich jetzt?

Der Bote Der hier, mein Guter,

der ist dies Kind!

Der Hirte Verflucht sei dir die Zunge

in deinem Mund!

Ödipus Ah, Alter, strafe du

den nicht! Nicht was er redet, was du tust,

verdient Bestrafung.

Der Hirte Was, mein gnäd'ger Herr,

was tat ich denn?

Ödipus Verleugnen willst du hier

das Kind, nach dem er sucht.

Der Hirte Was weiß der Mensch!

Schad' um die Zeit.

Ödipus Sagst du es willig nicht,

so sagst du's doch im Zwang.

(Er faßt ihn hart an.)

(Allmähliches Heraufdämmern am Rand des Himmels.)

Der Hirte Mein gnädger Herr,

mißhandelst du den alten Knecht?

Ödipus Heran!

Schnürt ihm die Hände auf den Rücken fest.

Der Hirte Wofür? Was willst du? Unglückseliger Herr,

was willst du denn erfahren?

Ödipus Gabst du ihm

das Kind?

Der Hirte Ich gab's. Wär' ich an jenem Tag

gestorben!

Ödipus Sterben wirst du heute hier,

wo du nicht Wahrheit sprichst.

Der Hirte Und red' ich Wahrheit,

so sterb' ich auch!

Ödipus *(drohend)*Der Alte scheint es, sucht

Ausflücht' und hält uns hin.

Der Hirte Ich? Hab' ich's nicht

schon längst gesagt? Ich gab das Kind! Ich hab'

es ihm gegeben.

ÖdipusWoher war das Kind?

Ein eignes? Oder fremdes?

Der Hirte Freilich war's

nicht meines. Irgendwo empfing ich es.

(Fahler Morgen bricht an.)

Ödipus Von welcher Hand? aus welchem Haus?

Der Hirte Nicht fragen,

nicht fragen, Herr!

Ödipus Du bist ein toter Mann,

wenn ich noch einmal fragen muß.

Der Hirte So sei's:

es war aus Laios' Haus, das Kind.

ÖdipusVon Knechten?

Ja? Oder aus des Königs eignem Blut?

Der Hirte Jetzt bin ich, wo mir graust.

ÖdipusMir auch, doch hören

muß ich's!

Der Hirte Sie nannten es ein Kind von ihm.

Da drinnen, Herr, dein Weib erklärt dir das

am besten.

Ödipus Sie?

Der Hirte Sie war dabei, als er,

der alte König, mir es gab.

ÖdipusEs gab?

Zu welchem Ende?

Der Hirte Töten sollte ich's.

Ödipus Das Kind? So grausam?

Der Hirte Grausam war der Spruch,

Vor dem erbebten sie.

Ödipus Was für ein Spruch?

Der Hirte Der Knabe würde seinen Vater morden,

so hieß es.

Ödipus Und du gabst es fort? an den?

Der Hirte Aus Mitleid, Herr, aus Mitleid. Daß er's trüge

mit sich, in fremdes Land. Doch wenn es du –

wenn du das bist – ihr Götter der drei Welten –

so hab' ich für ein gräßliches Geschick

dich aufgespart, Herr!

Ödipus Klar! O alles klar!

O Licht! jetzt seh' ich dich zum letztenmal.

Verfluchtes Kind! Verflucht im Ehebett'!

verfluchter Mörder! Ganz und gar verflucht!

(Er stürzt ins Haus.)

(Die Greise treten nach vorne. Sie bleiben lange stumm. Dumpfer Lärm im Palast.)

Die Greise Wißt ihr noch, wie er kam? – Gleich einem Gott grüßten wir ihn.

Herakles! Perseus! Orpheus! So riefen wir, da wir ihn sahn.

Wie glänzte der Tag: da brachten wir ihm die Königin mit der Krone.

Wie glänzte die Nacht, da stieg er zu Bette mit ihr.

Wißt ihr, mit wem er zu Bette stieg? Wehe!

(Aus dem Palast tönt ein Wehelaut wie ihnen zur Antwort.)

Die Greise Wie konnte das Bett ihn tragen? – Lag nicht der Tote darin?

Laios!

Alle *(dumpf wiederholend)*

Laios!

Wie lange vergaßen wir den! Nun ist auch er wieder da. Wehe!

(Eilt gleicher Laut aus dem Palast, noch schrecklicher.)

(Die Tür des Palastes wird jäh aufgerissen.)

(Die Mägde kommen hervor.)

Die Mägde Die Königin ist tot!

Eine Selber –

Andere Mit ihren eignen Händen –

Die Dritte *(hängt sich an sie)* Sag' es nicht,

wie sie's getan hat!

Die Erste *(vorne)* Ich war im Gemach –

dort wo das Ehebette steht – ich lag'

und reinigte Gerät – da fliegt die Tür auf

und sie herein, – mich sieht sie nicht – sie sieht
den Toten, ihren ersten Mann, den König Laios,
sie redet mit dem Toten – und zugleich
ist noch ein anderer bei ihr – der Sohn,
mit dem sie auch in diesem Bette lag
und Kinder ihm gebar, – dort, wo sie ihn
geboren hatte, ihn – sie greift – sie greift
jäh hin und nestelt an dem Gürtel, ah,
sie macht den Gürtel los und in der Luft
zieht sie ihn durch, daß eine Schlinge wird,
ah, ihr Gesicht, als sie sich freute, weil
es eine Schlinge wurde –

Andere Sprich's nicht aus!
Sag' nicht, was dann geschah!

Die Erste Ich sag' es nicht!

(Sie verhüllt ihr Gesicht.)

Die Zweite *(drängt sich vor)*

Er fand sie dann erhängt, er!

Eine Vierte Ödipus!

er kam ins Haus – ich will in meinem Leben

nie wieder einen laufen sehn mit solchem

Gesicht, wie er hineinlief!

Die Zweite Keine Stimme,

ihr Götter, will ich hören, wie die Stimme war,

mit der er schrie: Wo ist mein Weib, nein, nicht

mein Weib, die Mutter! wo ist meine Mutter?

Die Vierte Wir gaben keine Antwort, aber er –

Die Zweite Sein Dämon zeigt es ihm, mit einem Schrei,

wie hundert wilde Tiere springt er an

und bricht die Tür – da mußten unsre Augen sehn:

die Frau da hängen.

Die Vierte Aus der Schlinge macht

der jammervolle Mensch sie los und legt sie

sanft auf den Boden – –

Die Zweite Und dann nimmt er ihr

die goldnen Spangen ab, ganz sanft, die Spangen

vom Kleid, womit es zugeheftet war –

und redet und wir stehen da und wissen nicht,

zu wem er redet: zu der Toten nicht,

und nicht zu uns – allein wir hörens alle:

„Ihr habt ja nie gesehen“, sagt er, „nicht

gesehen, was ich tat, nicht, was ich litt,

niemals gesehn, wer vor mir steht, so schaut

auch weiter in die Nacht“ und hebt, – die Augen,

zu seinen Augen redet er, – und hebt

die Hände, beide Hände, mit den Spangen

und bohrt die Spangen sich in beide Augen,

in die lebend'gen Augen, bis ihm Blut

heruntertrieft über die Wangen, über

das ganze Gesicht!

(Unruhe im Palast)

Die Erste *(wieder vorkommend)*

Sie können ihn nicht halten!

er schreit, sie sollen öffnen: allem Volk

den Mann zu zeigen, der erschlagen hat

den Vater, und der Mutter –

Alle Sag es nicht

Die Erste *(hält sich)*

Mein Mund sagt's nicht!

(Von innen drängt's heran.)

(Die Mägde bilden am Tor eine Gasse. Vor Entsetzen und Angst recken sie alle die Arme empor und schließen die Augen.)

(Aus dem Tor kommt Ödipus, mit wildem Haar, die blutenden Augen dürftig verbunden. Er geht mit solchen Schritten, daß zwei, die ihn stützen und führen wollen, ihm kaum nachkommen. Hinter ihm eine Schar von Dienern, auch Gewappnete darunter. – Die Greise weichen schaudernd nach rechts hin.)

Die Greise Ich frage nichts mehr, – ich prüf' es nicht mehr –

ich bedenk' es nicht mehr – mich schaudert!

Ödipus Ah! Ah! Ah!

Wo fliegt mein Schreien hin? wer fängt es auf?

verhallt es in der Luft?

O Schicksal, wo treibst du mich hin!

Die Greise *(flüsternd)*

Zu grauenvollem Tun, das kein Aug' begehrt

zu sehen.

Ödipus O Finsternis!

Ewig um mich – unendlich – unausdenkbar,

unüberwindlich! Namenloses Dunkel!

Und nochmals Weh! Wie bohren diese Qualen

in meine Augen und die Dolche innen

des Denkens!

Die Greise Doppelt ist die Qual: so sind wir

gebildet!

Ödipus *(den Greisen nahe)*

Ah! Du bist noch da, du harrest

noch bei dem Blinden aus! Weh mir!

Die Greise *(zu ihm tretend)*

Furchtbarer Mensch! wer hat die Hand geführt,

als sie die Augen mordete?

Ödipus Apollon,

Apollon hat dies grausenhafte Weh

mir aufgebaut. Doch mit den Augen wurden

die Hände da mir fertig. Dazu brauchte

kein Gott zu helfen. Was soll ich noch anschaun?

Den Vater drunten, wenn ich ihm begegne?

oder die Kinder, ihren Blick in meinen

verschränken und ein unausdenkbares Gespräch

von Aug' zu Auge führen? Fort mit mir!

Jagt doch das große Unheil, jagt doch das,

hinaus, was trieft von allen Himmelsflüchen!

Die Greise *(zugleich)*

Ich wollt', ich hätte niemals dich gekannt.

Ödipus *(leiser)*

Was ich getan hab' an der Mutter und
am Vater, büßt Erhängen nicht.

(Er brütet vor sich hin.)

Ah! Hochzeit! Hochzeit! nächt'ge Saat, zutage
gebracht, die Söhne Vaters Brüder, Töchter
ah, Schwestern! Namenlos! Versteckt mich doch
im Waldgeklüft! erschlagt mich! Werft mich wo
ins Meer hinab! Nur schnell! Von wo ihr nimmer
mich wiederkommen seht! Erniedrigt euch
mich anzurühren! Fürchtet nichts! Hier drinnen
ist alle Pein der Welt: es springt nichts über!

(Kreon, begleitet, tritt aus dem Palaste.)

Die Greise Du bittest, – der entscheiden wird, ist Kreon.

Er waltet nun des Landes. Er tritt nah.

Ödipus *(leise)*

Was rede ich zu Kreon?

Kreon Ödipus,

nicht dein zu spotten komme ich, der du elend bist,

doch ihr, wenn ihr nicht Scheu vor Menschen tragt,

so scheuet den lebend'gen Gott, der dort herauf,

der heilige, funkelt, Helios, und zeigt ihm nicht

dies dort, dies ohne Namen, diesen Greuel,

vor dem die Erde zuckt und nicht berührt

will sein von seinem Leib und nicht das Licht

darf triefen hin an ihn und nicht der Regen,

die heilig sind. Wir sind sein Blut, auf uns

liegt dies, in einem Haus mit ihm zu sein,

und dieses Leiden unsres Bluts zu schauen.

Ödipus O Kreon, du bist gut!

Mit solcher Güte redest du zu Ödipus,

dem schlimmen. Ah! gewähre eines! gewähre!

Kreon Um welche Gunst fleht Ödipus?

Ödipus O stoß mich

hinaus, nur schnell hinaus, dorthin wo nie,

nie mehr, mich eine Menschenstimme grüßt!

Kreon Dies wäre schon getan. Doch will der Gott

zuvor befragt sein.

Ödipus Nein, nicht mehr befragt.

Vernichten will er den, der Vaters Blut

vergoß. Sonst nichts.

Kreon So sprach der Gott. Doch lag's im Dunkel.

Nun ist's am Tage. Wer errät den Gott?

Ich wart' und frage.

Ödipus Fragen wiederum?

Kreon Nun glaubst du ja den Göttern, Ödipus?

Wie?

Ödipus Dies liegt alles nun in deiner Hand.

Die Leiche drinnen laß bestatten, so

wie dir's gefällt. Auch das gebührt ja dir.

Doch das begehre nicht, daß mich die Stadt

noch länger tragen soll. Nein, im Gebirg,

dort laß mich hausen, am Kithäron dort;

der Ort ist mein. Bestimmten mir die Eltern

am frühen Tag ihn nicht zum frühen Grab?

Und dennoch weiß ich dies in mir: mich tötet

nicht Krankheit, noch ein Wurf des widrigen
zufälligen Geschicks: noch steht ein Etwas
im Dunkel, ungeheuer, ohne Name,
für dieses bin ich aufgespart. So gehe
das Schicksal, welchen Gang es will. O Kreon,
erbarm' dich meiner Kinder! denkst du's, Kreon,
sie aßen nie an einem Tisch getrennt
von mir, sie sind gewohnt, daß dieser da,
ihr Vater, seinen Bissen teilt mit ihnen!
Sie nimm in deinen Schutz. Und laß mich sie
anrühren noch einmal!

(Auf einen Wink Kreons werden zwei der Kinder, die Mädchen, herausgeführt, zu Ödipus hin.)

Ödipus Ich höre sie!
Ich hör' ihr Weinen! Hast du so viel Mitleid,

Kreon, ist's wahr? Hast du sie mir heraus-
geschickt?

Kreon Gedenkend früherer Zeiten, Ödipus,
und deiner Vaterfreuden tat ich dies.

Ödipus So sei beglückt! Und wahre dich ein Dämon
auf deinem Weg, der meiner nicht gewahrt.
Wo seid ihr, meine Kinder! Kommt zum Vater!
Die Augen sehn euch nicht. Ich hab' sie mir
herausgeweint – mit meinen Händen da.
Weh! Mädchen! Bitter! Bitter! Wer nimmt euch
zum Weibe, wer ist frech genug und schwingt
die Schmach, die ungeheuere Schmach als Mitgift
auf seine Schulter? Hängen nicht die Flüche
der ganzen Welt auf euch! Der Vater schlug
den Vater tot, dann kam er her und freite

die Mutter und derselbe Schoß, der ihn
getragen, trug dann euch, da hatt' er Lust,
da hatt' er Vaterlust – wer wird aus euch
sich Kinder zeugen? Keiner auf der Welt!
Unfruchtbar welkt ihr hin, vergeblich Leben,
um nichts geboren, öde! Kreon! Kreon!
Sie haben niemand auf der Welt, nicht tot,
nein, mehr als tot, zernichtet ist ihr Vater,
dahin die Mutter, laß sie nicht im Land
umirren, Fürst, laß sie nicht betteln, Fürst,
sie sind von deinem Blut. Sie haben keinen
als dich. Versprich mir dies! Laß deine Hand,
die Hand anrühren, daß du mir es hältst,
die Hand dem armen Ödipus. –

Kreon Genug

des Weinens. Auf und komm' ins Haus. Ein Dach

über dein Haupt. Die Sonne steigt.

Ödipus Weh mir!

Steigt sie? Nur, daß du mich dann lassest, Kreon,

daß du mich lassest –

Kreon aus dem Lande?

Ödipus Fort!

Kreon Die hohe Gunst erflehe du von Göttern.

Ödipus Weh Götter! Die mich hassen.

KreonSie gewähren's,

wenn sie dich hassen.

Ödipus Aber du?

Kreon Nun geh'

und laß die Kinder los.

Ödipus Nein! Nein, die nimm mir nicht!

Kreon Hoffst du noch immer dir Gewinn? Und blieb

denn etwas treu, das du im Leben dir gewannest?

Ödipus *(steigt die Stufen hinan, zu Kreons Hand; oben)*

Thebaner! das ist Ödipus, der groß war

unter dem Volk und viel beneidet war.

Drum muß ein Mensch des letzten Tages harren

im stillen, ganz im stillen.

Die Greise *(in sich erschauernd)* Ödipus!

DER VORHANG